Vorwort

Es ist passiert. Was einige erwartet, viele befürchtet und manche nicht für möglich gehalten haben:

Der Bitcoin ist gescheitert.

Einst als leuchtendes Symbol einer neuen, dezentralisierten Finanzwelt gefeiert, ist die größte Kryptowährung unserer Zeit kollabiert und hinterlässt eine Spur aus enttäuschten Hoffnungen, massiven Verlusten und grundlegenden Fragen.

Warum scheiterte Bitcoin? Wir analysieren die technologischen Grenzen, die wirtschaftlichen Dynamiken und die politischen Eingriffe, die unweigerlich zum Zusammenbruch führten. Es wird deutlich, dass Innovation allein nicht ausreicht, wenn grundlegende Schwächen nicht erkannt oder behoben werden.

Warum wussten wir es? Die Anzeichen waren da: Experten warnten frühzeitig vor Volatilität, Sicherheitsrisiken und mangelnder Skalierbarkeit. Dennoch wurde diese Kritik oft ignoriert, verdrängt oder als unwichtig abgetan. Dieses Buch zeigt, wie Euphorie, Gruppenzwang und die Angst, eine Chance zu verpassen, rationale Entscheidungen überschatteten.

Was sollten wir jetzt tun? Der Untergang von Bitcoin bietet wertvolle Lektionen, die weit über die Welt der Kryptowährungen hinausgehen. Es geht darum, aus Fehlern zu lernen, verantwortungsbewusst mit neuen Technologien umzugehen und eine Balance zwischen Innovation und Regulierung zu finden. Dieses Buch richtet sich an all jene, die nicht nur verstehen wollen, was passiert ist, sondern auch, wie wir ähnliche Krisen in Zukunft vermeiden können.

Die Geschichte von Bitcoin ist eine Geschichte der Hoffnung, der Übertreibung und der Ernüchterung. Doch sie endet nicht hier. Sie ist ein Kapitel in der fortwährenden Entwicklung unserer Finanzsysteme und technologischen Möglichkeiten.

Akihito Masatoshi

Inhaltsverzeichnis

Vorwort 1
1 Der Zusammenbruch einer Utopie 5
　1.1 Der Aufstieg einer Ikone 5
　1.2 Der Anfang vom Ende 6
　1.3 Der Fall 7
　1.4 Aufarbeitung 8
2 Die Grundfesten von Bitcoin 10
　2.1 Die Idee hinter Bitcoin: Freiheit oder Illusion? 11
　2.2 Technologische Versprechen und ihre Grenzen 13
　2.3 Angebot, Nachfrage und Spekulation 16
　2.4 Von Hoffnungsträgern und Skeptikern 17
3 Die Gründe für das Scheitern 20
　3.1 Technische Herausforderungen 20
　3.2 Politische Eingriffe und Regulierungen 22
　3.3 Verlust von Vertrauen und Akzeptanz 25
　3.4 Spekulationsblasen und Marktmanipulation 27
4 Chronik des Zusammenbruchs 29
5 Was wir daraus lernen sollten 36
　5.1 Warum wir es wussten und dennoch ignorierten 36
　5.2 Die Rolle von Spekulation und Verantwortung 39
6 Der Blick in die Zukunft 42
　6.1 Die Zukunft digitaler Währungen 42
　6.2 Neue Ansätze für Dezentralisierung 45

1 Der Zusammenbruch einer Utopie

Bitcoin war mehr als nur eine digitale Währung. Für viele galt er als Symbol eines neuen Zeitalters, ein Zeitalter, in dem Geld von Zentralbanken und staatlicher Kontrolle unabhängig sein sollte. Mit der Veröffentlichung des Bitcoin-Whitepapers durch Satoshi Nakamoto im Jahr 2008 begann eine Revolution, die das globale Finanzsystem für immer verändern sollte.

Doch heute, in einer Welt nach dem Zusammenbruch von Bitcoin, blicken wir zurück auf die Aufstiegsgeschichte dieser Kryptowährung und die unvermeidlichen Mechanismen, die zu ihrem Niedergang führten.

1.1 Der Aufstieg einer Ikone

Als Bitcoin 2009 erstmals gehandelt wurde, war er kaum mehr als ein Experiment für Technik-Enthusiasten. Mit einem Wert von weniger als einem US-Cent pro Bitcoin war die Idee, dass diese digitale Währung jemals eine breite Akzeptanz erfahren würde, schwer vorstellbar.

Doch schon in den frühen 2010er Jahren begann sich die Wahrnehmung zu ändern. Mit den ersten Öffentlichkeiten in der

Presse und der wachsenden Aufmerksamkeit in den sozialen Medien gewann Bitcoin an Bekanntheit.

Spätestens mit dem Preisanstieg auf über 20.000 US-Dollar Ende 2017 hatte sich Bitcoin von einer Randerscheinung zu einem globalen Phänomen entwickelt. Erste Unternehmen begannen, Bitcoin als Zahlungsmittel zu akzeptieren, und institutionelle Investoren entdeckten die Kryptowährung als spekulative Anlageklasse.

Der Höhepunkt kam Ende 2024, als der Bitcoin-Preis die historische Marke von 100.000 US-Dollar überschritt. Für viele schien dies die Bestätigung zu sein, dass Bitcoin die Zukunft des Geldes sei. Doch auch wenn der Kurs Anfang 2025 noch auf das finale Allzeithoch kletterte war die Rekordjagd bald vorbei.

1.2 Der Anfang vom Ende

Hinter dem rasanten Anstieg verbargen sich Risse, die sich langsam öffneten. Technologische Einschränkungen, wie die mangelnde Skalierbarkeit und der immense Energieverbrauch des Bitcoin-Netzwerks, wurden immer offensichtlicher. Die politischen und regulatorischen Rahmenbedingungen verschärften sich, da Regierungen weltweit die Kontrolle über ihre Finanzsysteme bedroht sahen.

Die gesellschaftliche Stimmung begann sich zu ändern. Was einst als Symbol der Freiheit gefeiert wurde, wurde zunehmend kritisch betrachtet.

Die Angst wuchs, dass Bitcoin lediglich eine Spekulationsblase ähnlich der Tulpenmanie im 17. Jahrhundert in den Niederlanden sein könnte. Der hohe Energieverbrauch des Bitcoin-Netzwerks und die Vorwürfe der Marktmanipulation durch Großinvestoren verstärkten den Vertrauensverlust.

1.3 Der Fall

Die exakten Ereignisse, die den finalen Zusammenbruch von Bitcoin einleiteten, werden noch lange Gegenstand von Debatten bleiben. War es der massenhafte Verkauf durch Großinvestoren, der den Markt zum Einsturz brachte? War es die Entscheidung, Bitcoin teilweise zu verbieten, die eine globale Kettenreaktion auslöste? Oder war es schlichtweg das Ende einer Spekulationsblase, wie es die Geschichte der Finanzmärkte schon so oft gesehen hatte?

Was auch immer der finale Auslöser war, die Konsequenzen waren gravierend. Innerhalb weniger Tage verloren weltweit Millionen von Investoren einen Großteil ihres investierten Vermögens.

Fast 2 Billionen US-Dollar verpufften quasi über Nacht und somit 1% des weltweit existierenden Geldes.

Bitcoin, einst gefeiert als das Geld der Zukunft, war zu einem Mahnmal für die Gefahren ungehemmter Spekulation geworden.

1.4 Aufarbeitung

Dieses Buch wurde geschrieben, um die Mechanismen hinter dem Aufstieg und Fall von Bitcoin zu verstehen und um Lehren aus diesem beispiellosen Ereignis zu ziehen. Es geht nicht nur darum, die zukünftige Vergangenheit zu analysieren, sondern auch darum, eine Orientierung für die Gegenwart und Zukunft zu bieten.

Denn die Geschichte von Bitcoin ist eine Geschichte von Hoffnung, Innovation und schlussendlich den menschlichen Schwächen, die immer wieder zu Übertreibungen und Zusammenbrüchen führen.

Indem wir die Ereignisse analysieren, die zu Bitcoins Niedergang führten, hoffen wir, dass dieses Buch dazu beiträgt, eine realistischere und verantwortungsvollere Perspektive auf die Möglichkeiten und Risiken neuer Technologien zu entwickeln.

Denn obwohl Bitcoin gescheitert ist, werden die Ideen, die es hervorgebracht hat, die Welt weiterhin beeinflussen, auf die eine oder andere Weise.

2 Die Grundfesten von Bitcoin

Um den Aufstieg und Fall von Bitcoin zu verstehen, ist es entscheidend, die Grundprinzipien zu betrachten, auf denen diese Kryptowährung aufgebaut war. Bitcoin wurde als eine Antwort auf die Finanzkrise von 2008 geboren, ein System, das Vertrauen durch Technologie ersetzen sollte.

Doch genau diese Grundfesten, die einst als revolutionär galten, trugen letztlich dazu bei, dass Bitcoin scheiterte.

Bitcoin basierte auf der Blockchain-Technologie, einem verteilten Hauptbuch, das Transaktionen transparent und unveränderlich machen sollte. Diese Technologie versprach eine Zukunft ohne Zwischeninstanzen, in der Nutzer direkt miteinander agieren konnten.

Die Anonymität der Nutzer und die Sicherheit der Transaktionen waren dabei zentrale Verkaufsargumente, die das Interesse sowohl bei Technik-Enthusiasten als auch bei Investoren weckten.

Doch je weiter Bitcoin wuchs, desto mehr wurden die ursprünglichen Ideale auf die Probe gestellt.

2.1 Die Idee hinter Bitcoin: Freiheit oder Illusion?

Das zentrale Versprechen von Bitcoin war die Dezentralisierung. Ohne eine zentrale Behörde sollten Nutzer direkt miteinander Transaktionen durchführen können. Diese Idee, festgehalten im Whitepaper von Satoshi Nakamoto, war radikal und faszinierend: ein elektronisches Zahlungssystem, das auf kryptografischem Vertrauen statt auf zwischenmenschlichem oder gar institutionellem Vertrauen basierte.

Bitcoin sollte eine Alternative zu traditionellen Finanzinstitutionen bieten, die während der Finanzkrise von 2008 massiven Vertrauensverlust erlitten hatten.

In der Praxis zeigte sich jedoch, dass diese Vision erhebliche Schwächen aufwies. Während die Dezentralisierung theoretisch Manipulationen verhindern sollte, führte sie zu neuen Problemen.

Die Macht konzentrierte sich zunehmend in den Händen weniger, sei es durch Mining-Pools oder große Investoren, die den Markt kontrollierten. Die versprochene Freiheit entwickelte sich für viele zu einer Illusion. Tatsächlich erreichten nur wenige Nutzer die von Bitcoin erhoffte finanzielle Unabhängigkeit, während die Mehrheit lediglich als Spekulanten oder Konsumenten agierte.

Darüber hinaus brachte die Dezentralisierung praktische Herausforderungen mit sich. Entscheidungen, wie Änderungen am Bitcoin-Protokoll, wurden zu langwierigen Prozessen, da keine zentrale Instanz existierte, die schnell reagieren konnte. Dies erschwerte es, auf technologische oder regulatorische Herausforderungen adäquat zu reagieren und trug zu einer wachsenden Kluft zwischen Vision und Realität bei.

Hinzu kam, dass die Dezentralisierung ihren Preis hatte. Das Bitcoin-Netzwerk war auf immense Rechenleistung angewiesen, um Transaktionen zu validieren und neue Blöcke zu erstellen. Dieser Energieverbrauch wurde zunehmend zu einem Kritikpunkt, insbesondere angesichts globaler Bemühungen, den Klimawandel einzudämmen. Was als technische Innovation begann, wurde von Kritikern zunehmend als Umweltsünde betrachtet.

Die vermeintliche Anonymität von Bitcoin wurde ebenfalls hinterfragt. Während Transaktionen selbst zwar anonymisiert sind, lassen sich durch Analysen der Blockchain Rückschlüsse auf Nutzer ziehen.

Aufgrund mangelnder Akzeptanz im Alltag musste Bitcoin irgendwann wieder in FIAT-Geld umgewandelt und auf ein FIAT-Konto überwiesen werden. Spätestens dort klickten vor allem bei unwissenden oder unvorsichtigen Nutzern nicht selten die Handschellen. Ausgefeilte Datenanalysen von Werbenetzwerken schafften es darüber hinaus Nutzer durch andere Webaktivitäten, die überhaupt nichts mit Bitcoin zu tun hatten, zu identifizieren.

Dies führte dazu, dass Regierungen und Unternehmen Werkzeuge entwickelten, um Bitcoin-Transaktionen nachzuverfolgen, ein Umstand, der der Vision von Bitcoin als Werkzeug für persönliche Freiheit entgegenstand.

Schlussendlich stellte sich die Frage: War Bitcoin wirklich ein Werkzeug der Freiheit, oder handelte es sich um eine Illusion? Während viele Befürworter weiterhin an die Vision glaubten, zeigte die Realität ein weitaus komplexeres Bild. Die Konzentration von Ressourcen und Macht, die technischen Beschränkungen und die gesellschaftlichen Konsequenzen führten dazu, dass die Idee hinter Bitcoin zunehmend kritisch betrachtet wurde.

2.2 Technologische Versprechen und ihre Grenzen

Die technologische Grundlage von Bitcoin, die Blockchain, wurde oft als eine der größten Innovationen des 21. Jahrhunderts gepriesen. Die Idee, ein dezentrales und unveränderliches

Hauptbuch zu schaffen, das ohne zentrale Instanzen funktionert, war revolutionär. Doch mit dem Wachstum von Bitcoin traten die technischen Einschränkungen immer deutlicher zutage.

Ein zentrales Problem war die Skalierbarkeit. Das Bitcoin-Netzwerk konnte nur eine begrenzte Anzahl von Transaktionen pro Sekunde verarbeiten, weit weniger als traditionelle Zahlungsanbieter wie Visa oder Mastercard. Dies führte zu Verzögerungen und hohen Transaktionskosten, insbesondere während Phasen erhöhter Nachfrage. Während verschiedene Lösungsansätze wie das Lightning Network vorgeschlagen wurden, blieb das Skalierungsproblem ein ungelöster Schwachpunkt.

Kryptobörsen begannen vereinzelt auch kleinere Transaktionen innerhalb ihres Ökosystems ohne die Absicherung durch die Blockchain zuzulassen, was jedoch zu Doppelbuchungen führte und schnell durch Kriminelle ausgenutzt wurde.

Ein weiteres Problem war die Sicherheit. Obwohl die Blockchain selbst als nahezu unveränderlich galt, waren die Systeme, die mit ihr interagierten, anfällig für Angriffe. Wallets, Börsen und andere Schnittstellen wurden wiederholt Ziel von Hackerangriffen, bei denen Milliarden von Dollar verloren gingen. Diese Sicherheitsvorfälle untergruben das Vertrauen in die Technologie und sorgten für Schlagzeilen, die das Image von Bitcoin schädigten.

Auch die Energieeffizienz war ein großes Thema. Das Proof-of-Work-Verfahren, das Bitcoin verwendet, erfordert immense Mengen an Rechenleistung, die wiederum enorme Mengen an Energie verbraucht. Studien schätzten, dass der Energieverbrauch des Bitcoin-Netzwerks zeitweise mit dem kleinerer Länder vergleichbar war. Dies zog nicht nur Kritik von Umweltschützern nach sich, sondern stellte auch die Nachhaltigkeit des gesamten Systems infrage.

Schließlich gab es die Herausforderung der Interoperabilität. Während Bitcoin als erste Kryptowährung etabliert war, entstanden schnell zahlreiche andere Blockchains und Token mit unterschiedlichen Funktionen und Zielen.

Die fehlende Integration zwischen diesen Systemen erschwerte es, Bitcoin in ein breiteres Ökosystem zu integrieren, und begrenzte seine Nutzbarkeit.

Diese technologischen Grenzen machten deutlich, dass Bitcoin weit davon entfernt war, ein perfektes System zu sein. Während die Vision von einer dezentralisierten, globalen Währung viele inspiriert hatte, zeigten die realen Herausforderungen, dass die Technologie nicht ohne Kompromisse war.

2.3 Angebot, Nachfrage und Spekulation

Die wirtschaftlichen Mechanismen hinter Bitcoin waren von Anfang an eine der treibenden Kräfte für seinen Aufstieg, und letztlich auch eine der Ursachen seines Falls. Das begrenzte Angebot von maximal 21 Millionen Bitcoins wurde oft als Verkaufsargument angeführt. Eine Währung, die nicht beliebig von zentralen Instanzen wie Regierungen oder Banken inflationiert werden kann. Doch genau diese Begrenzung erwies sich als zweischneidiges Schwert.

Mit steigender Nachfrage nach Bitcoin, getrieben von Medienberichten, sozialen Netzwerken und der Hoffnung auf schnelle Gewinne, schossen die Preise in die Höhe. Der Bitcoin-Markt wurde zu einem Paradebeispiel für Spekulation. Private Anleger, institutionelle Investoren und sogar Unternehmen begannen, Bitcoin weniger als Zahlungsmittel und mehr als Anlageobjekt zu betrachten. Die steigenden Preise zogen neue Käufer an, was den Kurs weiter nach oben trieb, ein klassischer Fall von FOMO (Fear of Missing Out).

Doch mit der Volatilität kamen auch die Risiken. Bitcoin war berüchtigt für seine dramatischen Kursschwankungen, die es schwierig machten, ihn als stabiles Zahlungsmittel zu nutzen. Während einige wenige frühzeitig enorme Gewinne erzielten, verloren viele Anleger ihr Kapital, als die Preise plötzlich einbrachen. Diese Volatilität schadete nicht nur dem Vertrauen in Bitcoin, sondern zeigte auch die Schattenseiten eines Systems, das weitgehend unreguliert und anfällig für Marktmanipulation war.

Ein weiterer wirtschaftlicher Faktor war die Konzentration des Bitcoin-Besitzes. Studien zeigten, dass ein Großteil der Bitcoins von einer kleinen Anzahl von Wallets gehalten wurde, was die Möglichkeit von Preismanipulationen durch Großinvestoren erhöhte. Dies untergrub das Versprechen von Bitcoin als demokratische und faire Währung.

Die Verbindung zwischen Angebot, Nachfrage und Spekulation machte deutlich, dass Bitcoin nicht nur ein technologisches, sondern auch ein wirtschaftliches Experiment war. Es zeigte die Macht der menschlichen Psychologie und die Risiken, die mit einem weitgehend unregulierten Markt einhergehen.

2.4 Von Hoffnungsträgern und Skeptikern

Bitcoin wurde lange Zeit als Symbol für Freiheit und Innovation gefeiert. Die Idee, ein Finanzsystem zu schaffen, das unabhängig von staatlicher Kontrolle agieren konnte, sprach viele Menschen an, insbesondere in Ländern mit wirtschaftlicher

Instabilität oder restriktiven Finanzsystemen. Doch diese anfängliche Euphorie wurde mit der Zeit durch eine realistischere Einschätzung der Technologie und ihrer Auswirkungen ersetzt.

Für Befürworter war Bitcoin ein Werkzeug, um Machtverhältnisse zu verschieben und den Menschen mehr Kontrolle über ihr eigenes Vermögen zu geben. Insbesondere in autoritären Regimen wurde Bitcoin als Fluchtmöglichkeit genutzt, um Kapital ins Ausland zu transferieren oder vor staatlicher Enteignung zu schützen. Diese Geschichten trugen dazu bei, Bitcoin in den Augen vieler als Hoffnungsträger zu etablieren.

Auf der anderen Seite gab es jedoch auch Skeptiker, die auf die Risiken und Schwächen des Systems hinwiesen. Die hohe Volatilität und die anfällige Infrastruktur führten zu Verlusten, die insbesondere Kleinanleger hart trafen. Kritiker bemängelten, dass Bitcoin vor allem als Spekulationsobjekt diente und nicht als funktionales Zahlungsmittel. Die ungleiche Verteilung des Reichtums innerhalb des Netzwerks verstärkte den Eindruck, dass Bitcoin nicht die versprochene Demokratisierung des Finanzsystems brachte.

Darüber hinaus sorgten die Umweltfolgen des Bitcoin-Minings für eine zunehmend kritische Betrachtung in der Öffentlichkeit. Berichte über gigantische Energieverbräuche und die damit verbundenen Emissionen machten deutlich, dass die Technologie weit davon entfernt war, nachhaltig zu sein. Diese Entwicklungen schwächten die gesellschaftliche Akzeptanz und führten zu einer Polarisierung der Meinungen.

Am Ende war die gesellschaftliche Wahrnehmung von Bitcoin ein Spiegelbild seiner Komplexität. Für manche blieb es ein Symbol der Freiheit, während andere es als gescheitertes Experiment betrachteten. Diese Polarisation trug dazu bei, dass Bitcoin letztlich nicht die breite Akzeptanz erfuhr, die es benötigt hätte, um als globale Währung zu bestehen.

3 Die Gründe für das Scheitern

Die Geschichte von Bitcoin ist nicht nur eine Geschichte von Innovation und Wachstum, sondern auch eine von Konflikten und Grenzen. Die Ursachen seines Scheiterns sind so vielschichtig wie seine Ursprünge. Sie liegen in technischen Einschränkungen, wirtschaftlichen Dynamiken, regulatorischen Eingriffen und den sozialen Mechanismen, die Vertrauen und Misstrauen gleichermaßen erzeugen können. Um die Fallstricke zu verstehen, die Bitcoin letztlich zu Fall brachten, ist es notwendig, die zentralen Probleme genauer zu betrachten.

3.1 Technische Herausforderungen

Technologie war die Grundlage von Bitcoin, und zugleich einer seiner größten Schwachpunkte. Während die Blockchain als innovatives System gefeiert wurde, traten mit der Zeit zunehmend Probleme zutage, die ihre Grenzen offenbarten.

Eines der grundlegendsten Probleme war die mangelnde Skalierbarkeit des Netzwerks. Mit einem Maximum von etwa sieben Transaktionen pro Sekunde war Bitcoin von Anfang an nicht darauf ausgelegt, ein globales Zahlungssystem zu sein. Im Vergleich dazu konnten traditionelle Zahlungsnetzwerke wie Visa Zehntausende von Transaktionen pro Sekunde abwickeln. Diese

Begrenzung führte dazu, dass das Bitcoin-Netzwerk bei starker Nutzung schnell überlastet war, was wiederum zu hohen Transaktionskosten und langen Wartezeiten führte. Während Lösungsansätze wie das Lightning Network entwickelt wurden, um diese Probleme zu lindern, waren sie nicht in der Lage, die grundlegenden Einschränkungen der Bitcoin-Blockchain vollständig zu beseitigen.

Ein weiteres technisches Problem war die Sicherheit. Obwohl die Blockchain selbst als nahezu unveränderlich galt, war die Infrastruktur, die sie umgab, anfällig für Angriffe. Kryptowährungsbörsen, Wallets und andere Plattformen wurden wiederholt Ziel von Hackerangriffen, bei denen Milliarden von Dollar gestohlen wurden. Diese Sicherheitslücken untergruben das Vertrauen in Bitcoin und sorgten für erhebliche Verluste bei Nutzern und Investoren.

Darüber hinaus stellte der Energieverbrauch ein wachsendes Problem dar. Das Proof-of-Work-System, auf dem Bitcoin basiert, erfordert immense Mengen an Rechenleistung. Dieser Energieverbrauch wurde zunehmend kritisch betrachtet, insbesondere in einer Zeit, in der Nachhaltigkeit und Klimaschutz immer wichtiger wurden. Studien zeigten, dass das Bitcoin-Netzwerk mehr Energie verbrauchte als viele kleine Länder, was nicht nur ökologische, sondern auch politische Konsequenzen nach sich zog.

Zusätzlich gab es die Herausforderung der technologische Stagnation. Während Bitcoin das erste große Blockchain-Projekt war, entstanden bald darauf andere Kryptowährungen und Plattformen, die viele der Schwächen von Bitcoin adressierten. Projekte wie Ethereum boten nicht nur eine effizientere Skalierbarkeit, sondern auch eine erweiterte Funktionalität wie Smart Contracts. Bitcoin hingegen hielt an seinem ursprünglichen Design fest, was es schwierig machte, mit der Innovation Schritt zu halten.

Technologische Herausforderungen waren somit ein zentraler Faktor für den Niedergang von Bitcoin. Sie zeigten, dass Innovation allein nicht ausreicht, wenn die zugrunde liegende Technologie nicht in der Lage ist, mit den Anforderungen und Erwartungen zu wachsen.

3.2 Politische Eingriffe und Regulierungen

Während Bitcoin als dezentrale Währung ohne staatliche Kontrolle entwickelt wurde, konnte es sich letztlich nicht den politischen Realitäten entziehen. Mit zunehmender Verbreitung geriet Bitcoin in das Visier von Regierungen weltweit, die die

Technologie aus unterschiedlichen Perspektiven betrachteten: als Bedrohung, als Herausforderung oder als Gelegenheit zur Kontrolle. Ein zentraler Punkt war die Regulierung. In vielen Ländern wurde Bitcoin wegen seiner Anonymität und seiner Nutzung für illegale Aktivitäten wie Geldwäsche oder Steuerhinterziehung kritisch gesehen. Regierungen begannen, Gesetze und Vorschriften zu erlassen, um den Handel mit Bitcoin zu überwachen und einzuschränken. In einigen Fällen gingen diese Maßnahmen so weit, dass Bitcoin vollständig verboten wurde. Diese Verbote lösten Kettenreaktionen aus, da die betroffenen Märkte oft eine bedeutende Rolle für den globalen Handel mit Kryptowährungen spielten.

Ein weiteres Problem war die Unsicherheit hinsichtlich der rechtlichen Einstufung von Bitcoin. War es eine Währung, ein Vermögenswert oder eine Ware? Diese Frage wurde in verschiedenen Jurisdiktionen unterschiedlich beantwortet, was zu einer uneinheitlichen Regulierung führte und Investoren verunsicherte. In einigen Ländern wurde Bitcoin als Eigentum besteuert, in anderen als Kapitalgewinne. Diese Inkonsistenz erschwerte es, Bitcoin in bestehende Finanzsysteme zu integrieren, und führte zu rechtlichen Konflikten.

Die geopolitischen Auswirkungen waren ebenfalls nicht zu unterschätzen. Einige Länder sahen Bitcoin als potenzielle Bedrohung für ihre wirtschaftliche Souveränität. Sie argumentierten, dass die Verbreitung einer dezentralen Währung ihre Kontrolle über Geldpolitik und Kapitalflüsse untergraben könnte. In Reaktion darauf führten sie strenge Maßnahmen ein, um den Einfluss von Bitcoin zu begrenzen. Gleichzeitig nutzten andere Länder Kryptowährungen als strategisches Instrument, um Sanktionen zu umgehen oder alternative Zahlungssysteme zu entwickeln.

Schließlich spielte auch die öffentliche Wahrnehmung eine Rolle. Politiker und Behörden betonten oft die Risiken von Bitcoin, wie Marktmanipulation, Betrug und die Finanzierung von Terrorismus. Diese Narrative beeinflussten die Meinungsbildung der Bevölkerung und schufen ein Umfeld, in dem Bitcoin zunehmend als Gefahr statt als Chance wahrgenommen wurde.

Die politischen Eingriffe und Regulierungen zeigten, dass Bitcoin nicht in einem Vakuum existierte. Es war eingebettet in ein komplexes Geflecht aus wirtschaftlichen, sozialen und geopolitischen Kräften, die letztlich dazu beitrugen, seine Verbreitung einzuschränken und das Vertrauen in seine Zukunft zu erschüttern.

3.3 Verlust von Vertrauen und Akzeptanz

Bitcoin begann als Hoffnungsträger für ein dezentrales, freieres Finanzsystem. Doch mit der Zeit wandelte sich die gesellschaftliche Wahrnehmung der Kryptowährung. Während die Technik-Enthusiasten und Investoren der ersten Stunde weiterhin von Bitcoins Potenzial überzeugt waren, begann ein breiteres Publikum, die Technologie mit wachsender Skepsis zu betrachten.

Ein wesentlicher Grund dafür war die Volatilität des Bitcoin-Kurses. Dramatische Preisanstiege folgten ebenso dramatischen Abstürzen, was das Vertrauen in die Stabilität der Kryptowährung erheblich beeinträchtigte. Insbesondere Kleinanleger, die auf schnelle Gewinne hofften, wurden oft von den Kursschwankungen überrascht und erlitten teils massive Verluste. Diese Erfahrungen trugen dazu bei, dass viele Menschen Bitcoin nicht mehr als solide Anlage betrachteten.

Darüber hinaus schadeten Berichte über Betrug, Marktmanipulation und illegale Nutzung dem öffentlichen Image von Bitcoin. Schlagzeilen über gehackte Börsen, betrügerische Initial Coin Offerings (ICOs) und die Nutzung von Bitcoin für kriminelle Zwecke wie Ransomware-Zahlungen verstärkten den Eindruck, dass die Kryptowährung eher ein Werkzeug für zwielichtige Machenschaften als für legitime Finanztransaktionen sei.

Hinzu kam die wachsende Kritik an den sozialen und ökologischen Auswirkungen des Bitcoin-Minings. Die Konzentration von Mining-Aktivitäten in bestimmten Regionen, oft unter Einsatz billiger und nicht nachhaltiger Energiequellen, warf Fragen nach der sozialen Verantwortung der Kryptowährung auf. In einigen Gemeinden führte der plötzliche Anstieg von Mining-Farmen zu Stromausfällen und steigenden Energiekosten, was die Akzeptanz weiter verringerte.

Schließlich spielte auch die fehlende Nutzerfreundlichkeit eine Rolle. Trotz der Fortschritte in der Entwicklung von Wallets und Zahlungsplattformen blieb Bitcoin für viele Menschen kompliziert und schwer verständlich. Die Angst vor technischen Fehlern oder dem Verlust von Wallet-Schlüsseln hielt viele potenzielle Nutzer davon ab, sich mit der Kryptowährung auseinanderzusetzen.

Der Verlust von Vertrauen und Akzeptanz zeigte, dass Bitcoin nicht nur an seinen technischen und wirtschaftlichen Grenzen scheiterte, sondern auch daran, eine breite gesellschaftliche Basis zu gewinnen. Ohne diese Akzeptanz konnte Bitcoin seine Vision einer globalen Währung nicht verwirklichen.

3.4 Spekulationsblasen und Marktmanipulation

Bitcoin entwickelte sich rasch von einer technologischen Innovation zu einem Spekulationsobjekt. Die Aussicht auf enorme Gewinne lockte eine Vielzahl von Investoren an, von Technik-Enthusiasten bis hin zu institutionellen Anlegern. Doch diese Spekulationsfreude brachte erhebliche Risiken mit sich und trug letztlich dazu bei, dass Bitcoin scheiterte.

Die Dynamik einer Spekulationsblase zeigte sich besonders deutlich in den extremen Preisanstiegen von Bitcoin. Immer wieder trieben Euphorie und die Angst, etwas zu verpassen (FOMO), den Kurs in die Höhe. Doch diese Phasen endeten regelmäßig in drastischen Korrekturen, bei denen Milliarden von Dollar an Marktwert vernichtet wurden. Diese Volatilität machte Bitcoin für viele Anleger unattraktiv und erschwerte es, die Kryptowährung als stabiles Zahlungsmittel zu etablieren.

Marktmanipulationen spielten ebenfalls eine zentrale Rolle. Der Bitcoin-Markt war lange Zeit kaum reguliert, was es großen Akteuren ermöglichte, die Preise durch gezielte Käufe oder Verkäufe zu beeinflussen. Berichte über sogenannte "Pump-and-Dump"-Strategien, bei denen der Kurs künstlich in die Höhe getrieben und anschließend abverkauft wurde, waren keine

Seltenheit. Diese Praktiken schädigten das Vertrauen in den Markt und führten zu erheblichen Verlusten für Kleinanleger.

Ein weiteres Problem war die Konzentration des Bitcoin-Besitzes. Studien zeigten, dass ein erheblicher Anteil der verfügbaren Bitcoins von wenigen "Walen" kontrolliert wurde, großen Investoren oder Gruppen, die über genug Kapital verfügten, um den Markt zu dominieren. Diese Konzentration verstärkte die Anfälligkeit des Marktes für Manipulationen und untergrub das Versprechen von Bitcoin als demokratisches Finanzinstrument.

Schließlich trugen auch externe Faktoren zur Instabilität bei. Ankündigungen von Regierungen oder großen Unternehmen konnten massive Kursschwankungen auslösen, da der Markt stark auf Nachrichten reagierte. Diese Abhängigkeit von externen Einflüssen machte Bitcoin zu einer riskanten und unvorhersehbaren Anlage.

Die Verbindung von Spekulationsblasen, Marktmanipulation und externer Beeinflussung zeigte, dass der Bitcoin-Markt weit davon entfernt war, ein stabiles und verlässliches Finanzsystem zu sein. Vielmehr wurde er zu einem Paradebeispiel für die Risiken ungezügelter Spekulation, was letztlich dazu beitrug, dass die Kryptowährung ihre Glaubwürdigkeit verlor.

4 Chronik des Zusammenbruchs

Der Untergang von Bitcoin war kein einzelnes Ereignis, sondern eine Abfolge von Entwicklungen, die schrittweise zum Niedergang führten. Die folgenden Berichte zeichnen drei zentrale Ereignisse nach, die jeweils einen entscheidenden Beitrag zum Zusammenbruch der Kryptowährung leisteten.

Die Anzeichen für einen möglichen Kollaps von Bitcoin waren schon lange sichtbar. Die Volatilität, die mangelnde Skalierbarkeit und die Abhängigkeit von spekulativen Investoren machten die Kryptowährung anfällig für äußere Einflüsse. Doch bis Ende 2024 schien Bitcoin unantastbar.

Mit einem Preis von über 100.000 US-Dollar pro Einheit feierte die Community einen neuen Höhepunkt, und viele glaubten, dass die Kryptowährung endlich ihren Platz als „digitales Gold" gefunden hatte. Was folgte, war jedoch ein beispielloser Zusammenbruch, der sowohl durch politische Entscheidungen als auch durch das Verhalten großer Marktakteure ausgelöst wurde.

Der Anfang vom Ende begann mit einer Serie von regulatorischen Maßnahmen, die weltweit eingeführt wurden. Seit Jahren hatten Regierungen über eine stärkere Kontrolle von Kryptowährungen debattiert. Während einige Länder wie Japan und die Schweiz regulierungsfreundlich agierten, sahen andere, insbesondere die USA und die Europäische Union, Bitcoin zunehmend als Bedrohung für ihre Finanzsysteme. Diese Skepsis wurde durch die steigenden Bedenken hinsichtlich der Umweltbelastung durch das Bitcoin-Mining verstärkt. Studien, die zeigten, dass der Energieverbrauch des Bitcoin-Netzwerks den kleinerer Länder übertraf, führten zu Forderungen nach einem Verbot der Technologie.

Im Frühjahr 2025 kam es schließlich zu einem entscheidenden Treffen der G20-Staaten. Angesichts der zunehmenden Instabilität auf den globalen Finanzmärkten und der wachsenden Popularität von Central Bank Digital Currencies (CBDCs) einigten sich die Mitgliedsstaaten auf ein koordiniertes Vorgehen gegen Kryptowährungen.

Innerhalb weniger Wochen wurden strenge Regulierungen eingeführt, die den Handel mit Bitcoin in den meisten führenden Volkswirtschaften effektiv kriminalisierten. Börsen wurden geschlossen, Mining-Aktivitäten untersagt, und Banken verwehrten die Abwicklung von Transaktionen, die mit Kryptowährungen in Verbindung standen. Diese Maßnahmen lösten eine Kettenreaktion auf den Märkten aus.

Große Investoren, auch als „Wale" bekannt, reagierten umgehend auf die neuen Regulierungen. Die Besitzer riesiger Bitcoin-

Bestände begannen, ihre Vermögenswerte in großem Umfang abzustoßen, um Verluste zu minimieren. Diese Verkäufe führten zu einem rasanten Preisverfall. Innerhalb von nur wenigen Wochen verlor Bitcoin über 80 % seines Wertes. Die Panik breitete sich aus, und Kleinanleger, die auf schnelle Gewinne gehofft hatten, sahen sich gezwungen, ihre Bestände zu Tiefstpreisen zu verkaufen. Die Volatilität des Marktes erreichte ein beispielloses Niveau, und die einst gefeierte Kryptowährung verwandelte sich in ein Symbol für gescheiterte Spekulation.

Doch der regulatorische Druck war nur ein Teil des Problems. Parallel dazu traten auch strukturelle Schwächen des Bitcoin-Ökosystems zutage. Börsen und Wallet-Anbieter kämpften mit Liquiditätsproblemen, da die massive Verkaufswelle ihre Systeme überforderte. Es dauerte teilweise Tage bis eine Verkaufsorder endlich umgesetzt wurde und einige der größten Handelsplattformen mussten den Betrieb einstellen, was das Chaos weiter verstärkte.

Berichte über gehackte Börsen und verlorene Kundengelder machten Schlagzeilen und untergruben das Vertrauen in die Technologie weiter. Diese Skandale, kombiniert mit der Unsicherheit über die Zukunft von Kryptowährungen, führten zu einem massiven Vertrauensverlust bei Investoren und Nutzern gleichermaßen.

Der vorläufige Tiefpunkt kam im Sommer 2025, als eine der größten Bitcoin-Börsen der Welt Insolvenz anmeldete. Der Zusammenbruch der Plattform führte dazu, dass Millionen von Nutzern den Zugang zu ihren Vermögenswerten verloren. Diese Ereignisse markierten den endgültigen Bruch zwischen Bitcoin und der breiten Öffentlichkeit.

Während Enthusiasten weiterhin an der Technologie festhielten, war der Großteil der Anleger und Nutzer überzeugt, dass Bitcoin keine Zukunft mehr hatte. Insbesondere institutionelle Investoren, die einst als Hoffnungsträger für die Akzeptanz von Bitcoin galten, zogen sich vollständig zurück, wodurch der Markt weiter destabilisiert wurde. Aber nicht bloß Bitcoin sondern alle Kryptowährungen waren davon betroffen und selbst das einst als technisch überlegenere geltende Ethereum wurde mit in den digitalen Abgrund gerissen.

Parallel zu diesen Entwicklungen verschärften geopolitische Spannungen die Lage weiter. Länder wie Russland und China nutzten die Situation, um ihre eigenen staatlich kontrollierten digitalen Währungen zu fördern. Diese Alternativen boten Stabilität und Sicherheit, was viele Nutzer dazu veranlasste, von Bitcoin auf diese neuen Systeme umzusteigen. Gleichzeitig arbeiteten westliche Länder an der Einführung von CBDCs, die als sicherere und nachhaltigere Option wahrgenommen wurden. Der

Wettbewerb zwischen verschiedenen digitalen Währungssystemen verstärkte sich, und Bitcoin verlor zunehmend an Bedeutung in diesem neuen finanziellen Ökosystem.

Die Nachwirkungen des Zusammenbruchs waren weitreichend. Länder, die zuvor auf Bitcoin gesetzt hatten, mussten ihre Strategien überdenken. El Salvador, das Bitcoin 2021 als offizielle Währung eingeführt hatte, geriet in eine schwere Wirtschaftskrise. Das Land war gezwungen, Notmaßnahmen zu ergreifen, um die Stabilität seines Finanzsystems wiederherzustellen. Internationale Finanzinstitutionen wie der Internationale Währungsfonds (IWF) und die Weltbank intervenierten, um das Land zu stabilisieren, was jedoch die Glaubwürdigkeit von Bitcoin weiter untergrub. Der wirtschaftliche Schaden war enorm, und die Bevölkerung verlor das Vertrauen in digitale Experimente mit staatlicher Unterstützung.

Auf gesellschaftlicher Ebene führte der Zusammenbruch zu einer Welle von Protesten und rechtlichen Auseinandersetzungen. Kleinanleger verklagten Börsen und Plattformen, während Entwickler-Communities versuchten, das Vertrauen in die Blockchain-Technologie zu retten. Diese Bemühungen waren jedoch nur begrenzt erfolgreich, da die Öffentlichkeit Bitcoin zunehmend als gescheitertes Experiment betrachtete. Die mediale Berichterstattung trug dazu bei, das Bild von Bitcoin als spekulativem und letztlich wertlosem Vermögenswert zu verfestigen.

Wissenschaftler und Analysten nutzten den Fall von Bitcoin als Fallstudie, um die Risiken und Herausforderungen dezentraler Systeme zu untersuchen. Sie identifizierten zentrale Schwächen wie die mangelnde Nutzerfreundlichkeit, die hohe Volatilität und die unzureichende Regulierung. Gleichzeitig wurden jedoch auch die innovativen Aspekte der Technologie hervorgehoben, die als Grundlage für zukünftige Entwicklungen dienen könnten. Einige Experten argumentierten, dass der Fall von Bitcoin ein notwendiger Schritt war, um die Blockchain-Technologie auf eine nachhaltigere und breitere Basis zu stellen.

Innerhalb weniger Jahre etablierten sich staatlich kontrollierte digitale Währungen als Standard, während Bitcoin in die Bedeutungslosigkeit abdriftete. Doch auch die staatlich digitalen Währungen wurden nur sehr zögerlich von der Bevölkerung genutzt.

Doch das Ende von Bitcoin bedeutete nicht das Ende der Blockchain-Technologie. Im Gegenteil: Viele Unternehmen und Regierungen investierten weiterhin in die Entwicklung neuer Anwendungen, die die Lektionen aus dem Scheitern von Bitcoin berücksichtigen. Diese Innovationen reichten von

Lieferkettenmanagement über digitale Identität bis hin zu neuen Finanzprodukten.

Auch dezentrale Finanzanwendungen (DeFi) und neue, alternative Kryptowährungen profitierten von den Erkenntnissen aus dem Bitcoin-Zusammenbruch und entwickelten robustere Systeme.

Der Fall von Bitcoin zeigt, wie fragile Systeme auf äußere Einflüsse reagieren können. Die Kombination aus regulatorischem Druck, spekulativen Marktmechanismen und technologischen Schwächen führte zu einem perfekten Sturm, der die Kryptowährung zu Fall brachte.

Doch gleichzeitig eröffnete das Ende von Bitcoin neue Möglichkeiten für Innovationen. Die Erkenntnisse aus diesem Scheitern dienen als Grundlage für die Entwicklung robusterer und nachhaltigerer Systeme, die die Lektionen von Bitcoin berücksichtigen und eine bessere Balance zwischen Dezentralisierung, Regulierung und Stabilität schaffen können. Diese neue Phase der digitalen Finanzwelt verspricht, die Fehler der Vergangenheit zu vermeiden und eine stabilere und inklusivere Zukunft zu gestalten.

5 Was wir daraus lernen sollten

Die Geschichte von Bitcoin ist eine Geschichte der Hoffnung, der Innovation und letztlich des Scheiterns. Doch aus diesem Scheitern können wichtige Lektionen gezogen werden, die weit über die Welt der Kryptowährungen hinausreichen.

Die Ereignisse um Bitcoin bieten Einblicke in die Dynamiken von Spekulation, Technologie und Regulierung, die auch in anderen Bereichen Anwendung finden können.

5.1 Warum wir es wussten und dennoch ignorierten

Schon früh gab es zahlreiche Warnungen vor den Risiken, die mit Bitcoin verbunden waren. Experten wiesen auf die Volatilität, die Sicherheitsprobleme und die regulatorischen Unsicherheiten hin. Dennoch wurde diese Kritik oft ignoriert, überhört oder als übertrieben abgetan. Warum?

Einer der Hauptgründe war die menschliche Psychologie. Die Aussicht auf enorme Gewinne und die Angst, eine Chance zu verpassen, trieben viele Menschen dazu, in Bitcoin zu investieren, obwohl sie die Risiken kannten. Dieses Verhalten, bekannt als "Fear of Missing Out" (FOMO), war ein entscheidender Treiber für die Spekulationsblase.

Diese Psychologie wurde zusätzlich durch Gruppenzwang verstärkt: Je mehr Menschen investierten, desto größer wurde der Druck, selbst aktiv zu werden, um nicht als "Außenseiter" zu gelten.

Ein weiterer Faktor war die Faszination für die Technologie. Blockchain und Kryptowährungen wurden als revolutionäre Innovationen gefeiert, die das Potenzial hatten, die Welt zu verändern. Diese Begeisterung führte dazu, dass viele die praktischen Grenzen und Herausforderungen ignorierten. Technologische Euphorie verdrängte die kritische Auseinandersetzung mit den Schwächen des Systems. Gleichzeitig förderte die Komplexität der Technologie eine gewisse "Blindheit": Viele verstanden die technischen Details nicht vollständig und verließen sich stattdessen auf die Meinungen vermeintlicher Experten.

Auch die mangelnde Regulierung spielte eine Rolle. In den frühen Jahren von Bitcoin gab es kaum staatliche Eingriffe, was den Eindruck erweckte, dass die Kryptowährung außerhalb der traditionellen Finanzsysteme existieren und gedeihen konnte.

Diese Illusion der Unabhängigkeit zog viele Menschen an, die sich von den etablierten Institutionen entfremdet fühlten. Insbesondere nach der Finanzkrise 2008 galt Bitcoin als Symbol für Widerstand gegen ein als korrupt wahrgenommenes System.

Schließlich war auch die mediale Darstellung ein bedeutender Faktor. Erfolgsgeschichten von frühen Investoren, die durch Bitcoin reich geworden waren, dominierten die Schlagzeilen und schürten die Gier. Die Risiken wurden dabei oft nur am Rande erwähnt oder vollständig ausgeblendet. Hinzu kamen soziale Medien, die in Echtzeit Hype und Panik verbreiteten. Plattformen wie TikTok, Reddit oder X trugen dazu bei, die Euphorie anzuheizen und kritische Stimmen zu übertönen.

Die Geschichte von Bitcoin zeigt, wie schwierig es ist, rationale Entscheidungen zu treffen, wenn Emotionen, Technologie und wirtschaftliche Interessen aufeinandertreffen.

Sie verdeutlicht, wie wichtig es ist, Warnungen ernst zu nehmen und eine kritische Perspektive zu bewahren, selbst in Zeiten des Hypes. Nur so können wir ähnliche Entwicklungen in der Zukunft besser bewältigen.

Zusätzlich sollten Bildung und Aufklärung über die Funktionsweise neuer Technologien gefördert werden, um eine informierte öffentliche Debatte zu ermöglichen. Dies würde dazu beitragen, dass Entscheidungen weniger von Emotionen und mehr von Fakten geprägt sind.

5.2 Die Rolle von Spekulation und Verantwortung

Spekulation war von Anfang an ein fester Bestandteil des Bitcoin-Ökosystems. Viele der frühen Investoren waren keine Technologen oder Visionäre, sondern Händler, die auf schnelle Gewinne spekulierten.

Dieses Verhalten führte zu einer ständigen Preisdynamik, die Bitcoin immer wieder in die Schlagzeilen brachte, aber auch zu seinem Ruf als unsicheres und riskantes Finanzinstrument beitrug.

Die Problematik der Spekulation zeigte sich besonders in den wiederkehrenden Blasen, die den Kurs von Bitcoin in extreme Höhen trieben, nur um danach spektakulär zu platzen. Diese Zyklen führten zu enormen Vermögensverlusten bei Kleinanlegern, die oft auf der Jagd nach schnellen Gewinnen in den Markt einstiegen, ohne die Risiken vollständig zu verstehen.

Dabei spielte auch die Verantwortung der Marktteilnehmer eine entscheidende Rolle: Viele frühe Bitcoin-Befürworter vermittelten ein übermäßig positives Bild der Kryptowährung und verschwiegen bewusst die möglichen Nachteile.

Doch Verantwortung endet nicht bei den Investoren. Auch die Entwickler und Betreiber von Plattformen, Börsen und Mining-Pools trugen eine Verantwortung, die sie oft nicht wahrnahmen.

Sicherheitslücken, Intransparenz und das Versagen, klare Standards zu setzen, trugen dazu bei, dass Bitcoin nie die Stabilität erreichte, die für eine breite Akzeptanz erforderlich gewesen wäre.

Diese Versäumnisse führten dazu, dass die Technologie nicht nur unter ihren Möglichkeiten blieb, sondern auch das Vertrauen der Öffentlichkeit verlor.

Ein weiteres Problem war das Fehlen eines Mechanismus zur Schadensbegrenzung. Während traditionelle Finanzmärkte Instrumente wie Einlagensicherungen oder Rettungspakete für Krisenzeiten haben, war das Bitcoin-Ökosystem weitgehend unreguliert und ließ gescheiterte Investoren oft schutzlos zurück.

Dies war eine bewusste Entscheidung der Community, die jedoch letztlich dazu beitrug, dass Bitcoin nie als verlässliches Finanzinstrument wahrgenommen wurde.

Die Rolle von Spekulation und Verantwortung im Fall von Bitcoin zeigt, wie wichtig es ist, ein Gleichgewicht zwischen Innovation und Schutz der Beteiligten zu finden. Während Spekulation ein natürlicher Teil jeder neuen Technologie ist, muss sie von Mechanismen begleitet werden, die die Risiken minimieren und das Vertrauen fördern.

Die Geschichte von Bitcoin ist ein warnendes Beispiel dafür, wie eine fehlende Balance zwischen diesen Faktoren zum Scheitern führen kann.

6 Der Blick in die Zukunft

Das Scheitern von Bitcoin markiert nicht das Ende der Innovation, sondern einen Wendepunkt. Die Welt der digitalen Technologien und der dezentralisierten Systeme entwickelt sich stetig weiter.

6.1 Die Zukunft digitaler Währungen

Der Untergang von Bitcoin hat den Fokus auf andere digitale Währungen und Systeme gelenkt. Insbesondere Central Bank Digital Currencies (CBDCs) haben sich als vielversprechende Alternative etabliert.

Bereits vor dem Niedergang von Bitcoin begannen viele Zentralbanken weltweit mit der Erforschung und Entwicklung solcher digitaler Währungen. Diese bieten den Vorteil, staatlich abgesichert zu sein, während sie gleichzeitig die Effizienz moderner digitaler Technologien nutzen. Länder wie China und Schweden waren Vorreiter in der Einführung von Pilotprojekten, und diese Bemühungen gewannen nach dem Zusammenbruch von Bitcoin weiter an Dynamik.

CBDCs könnten viele der Probleme lösen, die Bitcoin plagten. Sie könnten stabile Werte garantieren, da sie durch staatliche

Reserven gedeckt sind, und regulatorische Unsicherheiten beseitigen. Zusätzlich ermöglichen sie eine stärkere Kontrolle über Geldflüsse, was zur Bekämpfung von Geldwäsche und Steuerhinterziehung beitragen könnte.

Doch auch hier bleiben Herausforderungen. Die Einführung von CBDCs wirft Fragen nach Datenschutz und der Kontrolle über persönliche Finanzdaten auf. Kritiker warnen vor der Möglichkeit, dass Regierungen mit diesen Systemen den Finanzverkehr ihrer Bürger umfassend überwachen und gegebenenfalls einschränken könnten. Die Balance zwischen staatlicher Überwachung und individueller Freiheit wird ein zentrales Thema sein.

Ein weiterer Vorteil von CBDCs liegt in ihrer Integration in bestehende Finanzsysteme. Im Gegensatz zu Bitcoin, das weitgehend unabhängig von traditionellen Strukturen operierte, können CBDCs nahtlos mit Banken und Zahlungssystemen interagieren. Dies könnte die Akzeptanz fördern und die Hürde für Endnutzer senken. Gleichzeitig bieten sie das Potenzial, grenzüberschreitende Zahlungen schneller und kostengünstiger zu gestalten, ein Bereich, in dem Bitcoin oft als ineffizient galt.

Gleichzeitig gibt es Bemühungen, neue dezentralisierte Systeme zu schaffen, die aus den Fehlern von Bitcoin lernen. Diese Projekte setzen auf verbesserte Technologien, wie energieeffizientere Konsensmechanismen (z. B. Proof-of-Stake anstelle von Proof-of-Work) und robustere Sicherheitsprotokolle. Darüber hinaus wird die Integration von Smart Contracts und die Interoperabilität mit anderen Blockchain-Netzwerken vorangetrieben, um eine breitere Nutzbarkeit und Flexibilität zu gewährleisten.

Ein bemerkenswertes Beispiel ist die Entwicklung sogenannter "hybrider" Blockchains, die sowohl öffentliche als auch private Elemente kombinieren. Solche Systeme könnten es Unternehmen und Regierungen ermöglichen, die Vorteile der Blockchain-Technologie zu nutzen, ohne die volle Kontrolle über sensible Daten aufzugeben. Diese Ansätze versprechen, die Effizienz und Transparenz zu verbessern, ohne dabei die Datenschutzbedenken zu ignorieren.

Die Zukunft digitaler Währungen wird stark davon abhängen, wie gut sie die Bedürfnisse der Nutzer erfüllen können. Vertrauen, Sicherheit und Benutzerfreundlichkeit werden entscheidend sein.

Der Fall von Bitcoin dient als Mahnung, dass technologische Innovationen immer in einen breiteren gesellschaftlichen und wirtschaftlichen Kontext eingebettet sein müssen. Es wird wichtig sein, die Lektionen aus Bitcoin nicht nur zu analysieren, sondern aktiv in die Gestaltung zukünftiger Systeme einzubringen.

Langfristig könnten digitale Währungen eine neue Ära des Finanzwesens einleiten, die von größerer Inklusivität und Effizienz geprägt ist. Doch der Erfolg wird davon abhängen, ob es gelingt, das Vertrauen der Öffentlichkeit zu gewinnen und gleichzeitig die Herausforderungen von Überwachung und Kontrolle zu bewältigen.

Der Dialog zwischen Technologen, Regierungen und der Zivilgesellschaft wird entscheidend sein, um diese Balance zu finden.

6.2 Neue Ansätze für Dezentralisierung

Trotz des Scheiterns von Bitcoin bleibt das Konzept der Dezentralisierung ein faszinierender und wichtiger Ansatz. Es eröffnet die Möglichkeit, Macht und Kontrolle von zentralisierten Institutionen zu lösen und sie auf eine Vielzahl von Akteuren zu verteilen. Die Frage ist jedoch, wie eine nachhaltige und funktionierende Dezentralisierung aussehen kann.

Ein zentraler Aspekt neuer Ansätze ist die Entwicklung von Governance-Modellen, die transparenter und demokratischer sind. Während Bitcoin auf einem einfachen Konsensmechanismus basierte, experimentieren moderne Projekte mit komplexeren Modellen wie dezentralisierten autonomen Organisationen (DAOs). Diese nutzen Smart Contracts, um Entscheidungen und Ressourcenverwaltung durch die Gemeinschaft zu regeln, ohne auf zentrale Autoritäten angewiesen zu sein.

Ein weiteres Beispiel ist die Förderung regionaler und lokaler Dezentralisierung. Anstatt globale Systeme zu schaffen, die für alle gleich funktionieren, könnten kleinere Netzwerke entstehen, die auf die Bedürfnisse spezifischer Gemeinschaften zugeschnitten sind. Solche Systeme könnten regionale Währungen oder lokale Anwendungen umfassen, die durch Blockchain-Technologie unterstützt werden, ohne den Anspruch zu erheben, weltweit dominant zu sein.

Technologische Innovationen spielen ebenfalls eine entscheidende Rolle. Fortschritte in der Skalierbarkeit, wie Sharding-Techniken oder Layer-2-Lösungen, könnten die Effizienz von dezentralisierten Netzwerken verbessern und gleichzeitig deren Umweltbelastung reduzieren. Dies würde helfen, einige der zentralen Kritikpunkte an Bitcoin zu überwinden, wie den hohen Energieverbrauch und die langsame Verarbeitung von Transaktionen.

Allerdings müssen auch gesellschaftliche und kulturelle Aspekte berücksichtigt werden. Eine erfolgreiche Dezentralisierung erfordert nicht nur technische Lösungen, sondern auch ein Umdenken in Bezug auf Zusammenarbeit und Vertrauen. Bildungsprogramme, die die Bedeutung und Funktionsweise von Dezentralisierung erklären, könnten dazu beitragen, die Akzeptanz zu erhöhen und Missverständnisse auszuräumen.

Ein besonders innovativer Ansatz ist die Kombination von Dezentralisierung mit künstlicher Intelligenz (KI). KI könnte dabei helfen, komplexe Entscheidungsprozesse in dezentralisierten Netzwerken zu automatisieren und zu optimieren. Zum Beispiel könnten KI-Modelle dabei unterstützen, Konsensmechanismen effizienter zu gestalten oder Betrug in Echtzeit zu erkennen.

Die Zukunft der Dezentralisierung wird davon abhängen, ob es gelingt, technologische, soziale und wirtschaftliche Herausforderungen zu meistern. Das Erbe von Bitcoin zeigt, dass Dezentralisierung zwar ein mächtiges Konzept ist, aber sorgfältig gestaltet und umgesetzt werden muss, um langfristig erfolgreich zu sein. Neue Ansätze, die aus den Fehlern von Bitcoin lernen, könnten eine tragfähige Grundlage für die nächste Generation dezentraler Systeme schaffen.

www.ingramcontent.com/pod-product-compliance
Lightning Source LLC
Chambersburg PA
CBHW030057230526
45471CB00003B/1132